CONFLIT TUNISIEN

LE
CONFLIT TUNISIEN

LETTRE

A SON EXCELLENCE M. DE MOUSTIER

MINISTRE DE NOS AFFAIRES ÉTRANGÈRES

PARIS

IMPRIMERIE BALITOUT, QUESTROY ET Cⁱᵉ

7, RUE BAILLIF ET RUE DE VALOIS, 18

1868

LE
CONFLIT TUNISIEN

LETTRE

A SON EXCELLENCE M. DE MOUSTIER

MINISTRE DE NOS AFFAIRES ÉTRANGÈRES.

Monsieur le Ministre,

Grâce à l'énergie de Votre Excellence, la diplomatie française vient de remporter une éclatante victoire. Il ne saurait manquer d'en être question dans les siècles futurs. Qui sait même si elle ne donnera pas à réfléchir aux trop ardents promoteurs de l'unité définitive de l'Allemagne?

Le premier ministre du Bey de Tunis, accompagné du premier interprète de ce Souverain, et revêtu de son plus riche uniforme, s'est rendu au Consulat général de France, où il a remis à M. le comte Botmillau, notre représentant, la ratification d'une Convention diplomatique dont je vais avoir l'honneur de rappeler plus loin les termes à Votre Excellence.

Cela s'est passé en présence de tous les employés du Consulat général; en présence des quelques Français exerçant, à Tunis, un métier que les membres de nos tribunaux de commerce rougiraient de comparer à leurs honorables professions.

Quelle est l'importance politique du Souverain amené à cette humiliation devant notre pavillon consulaire; quelle est pour notre pays la valeur de la Convention diplomatique dont la ratification a été ainsi obtenue?

Je suis obligé de le rappeler ou de l'apprendre par écrit à Votre Excellence, puisque les personnes les plus intéressées dans la solution du conflit tunisien sont justement les seules qu'elle n'a pas voulu entendre, avant de lancer la France dans une aventure dont la portée n'est plus douteuse.

Le Bey de Tunis gouverne un petit État incapable de mettre aujourd'hui dix mille réguliers sous les armes. M. de Chasseloup-Laubat peut dire à Votre Excellence ce que coûtent et ce que valent les canons de ce Souverain; quant à sa flotte, elle se compose de quelques vaisseaux, rebut de la marine française, qui sont dans l'impossibilité de franchir la barre de la Goulette, mais qui ont été vendus pour bons à la Tunisie par un ramassis d'aventuriers allemands et maronites, assez habiles et assez forts pour se faire entendre là où l'on ferme encore l'oreille à la voix de leurs victimes.

Le petit État que gouverne le Bey de Tunis se trouve en ce moment dans la plus affreuse des situations; la misère et le typhus enlèvent chaque jour des centaines de ses habitants; le trésor est complétement vide; les plaines n'ont pu être ensemencées: les fruits des oliviers ne pourront pas être broyés cette année faute de bras; jamais, enfin, une expédition, dirigée contre un pays ainsi éprouvé, n'eût mieux réalisé l'application de la fable des animaux malades de la peste. Au pauvre baudet, toujours la faute et les coups!

Et cependant Votre Excellence doit convenir, à l'honneur de la Tunisie, que le premier ministre du Souverain barbaresque ne s'est rendu au consulat général de France que lorsque Votre Excellence est parvenue à l'isoler successivement de l'Angleterre, de la Prusse et de l'Italie par une série de concessions faites à ces puissances, concessions qui n'ont rien de commun avec l'héroïsme déployé par Votre Excellence contre le Bey, et dont les obligataires tunisiens connaîtront tôt ou tard le prix.

Cela établi d'une manière indiscutable, Votre Excellence croit-elle que M. le comte Botmillau ait dû se sentir bien fier, comme Français, lorsque le Khasnadar est venu se rendre à merci, heureux encore de ne pas être emporté au fond des bois, lui, le comte Raffo, leur pays et leur Souverain, pour y être mangés sans autre forme de procès.

Mais qu'importe aux gens sérieux d'un certain monde que nous ayons rendu à la côte barbaresque les procédés employés jadis par Hariadan Barberousse contre quelques-unes de nos galères? Qu'importe que notre ministre des affaires étrangères, endurant pour la Turquie, endurant pour l'Italie, endurant pour l'Espagne, endurant pour l'Autriche, toujours endurant enfin, ait tout à coup cessé de l'être pour la Tunisie, si nos intérêts ont à y gagner, et si les porteurs d'obligations tunisiennes peuvent, enfin, rentrer dans l'argent qu'on leur a pris?

Le moment est donc venu d'examiner, au point de
vue de leurs résultats, la victoire diplomatique de
Votre Excellence et la Convention imposée au Bey,
dans des termes qui tendraient à faire croire qu'elle est
son œuvre spontanée.

Voici la Convention :

« Article premier. Une Commission financière sera
» formée à Tunis, d'aujourd'hui à un mois, en vertu de
» nos décrets.

» Art. 2. Ladite Commission sera composée de deux
» fonctionnaires tunisiens, de deux des principaux né-
» gociants à Tunis, de deux Français agissant pour les
» porteurs des obligations des emprunts de 1863 et
» 1865 ; du député de commerce français à Tunis, et
» d'une personne *experte* en matière d'administration
» des finances, que nous demanderons au gouverne-
» ment français.

» La présidence de cette Commission appartiendra
» à un fonctionnaire tunisien, et le vice-président sera
» la personne experte en finances.

» Art. 3. Il sera du devoir de cette Commission
» de prendre en considération la situation des dettes
» tunisiennes et des revenus dont le gouvernement
» pourra disposer pour satisfaire aux dettes en ques-
» tion.

» Art. 4. La Commission formera un registre (grand-
» livre) sur lequel elle inscrira toutes les dettes du
» gouvernement, contractées dans la régence ou à
» l'étranger, et consistant en teskerets en circulation
» et en obligations des emprunts de 1863 et 1865.

» Mais en ce qui concerne le restant des dettes qui
» n'ont pas été déterminées par des contrats, les porteurs
» de ces créances seront tenus de les soumettre à la

» Commission dans le délai de deux mois, dont notifi-
» cation leur sera faite par les journaux.

« Art. 5. Toutes les fois que la Commission demandera
» au ministère des finances un exposé des sommes re-
» çues, ainsi qu'un extrait des dépenses, ce ministre
» les lui fournira.

» Art. 6. Une fois que les revenus du gouvernement,
» ses dépenses et la totalité de ses dettes auront été
» connus et déterminés; la Commission veillera au
» moyen de répartir les revenus d'une manière équi-
» table, prenant en considération les droits de tout le
» monde, et décidera les garanties qui pourront être
» affectées en faveur des dettes du gouvernement.

» Art. 7. Le service de cette Commission étant spé-
« cialement relatif aux dettes, ladite Commission ne
» s'ingérera point dans les affaires des finances ni dans
» l'administration de l'intérieur, et son attention ne
» sera dirigée que sur ce qui sera avantageux aux
» dettes.

» Toutes les fois qu'elle aura déterminé ce qui sera
» avantageux aux dettes, le gouvernement fera effectuer
» ce qui semble avantageux aux finances, et le mettra à
» exécution par ses propres intermédiaires.

» Art. 8. Ladite Commission recevra tous les revenus
» du gouvernement sans exception.

» Le gouvernement n'émettra ni nouveaux teskerets,
» ni obligations nouvelles, sans s'entendre au préalable
» avec la Commission.

» S'il devenait nécessaire, pour quelque motif que
» ce soit, de contracter un *considérable* emprunt en
» France, le gouvernement tunisien informera le gou-
» nement français de sa décision; mais s'il n'y avait pas
» besoin de contracter un grand emprunt, la Commis-

» sion fixera les sommes qu'elle jugera nécessaires.

» Tous les teskerets qui seront émis pour les sommes
» fixées par la Commission en faveur du gouvernement
» seront tirés sur la Commission, qui y apposera son
» acceptation, et elles ne dépasseront pas les sommes
» que la Commission a fixées en faveur du gouverne-
» ment.

» Tunis, 12 haggia 1284 (4 avril 1868.) »

Votre Excellence me permettra de lui dire que cette Convention isolée est la ruine complète des seuls créanciers honnêtes de la Tunisie. L'unique avantage qu'elle stipule et à l'aide duquel on vient d'abuser les naïfs et les crédules, je l'avais obtenu, il y a six mois, du Bey lui-même, mais dégagé des conditions dont votre Convention l'entoure. Ces conditions font de la Convention un instrument de ruine pour les obligataires. Ce que j'avais obtenu était un gage de réparation.

En effet, à la date du 7 janvier dernier, par décret de S. A. le Bey de Tunis, une Commission fût créée, sur la demande que j'avais adressée de vive voix à ce Souverain, au nom des porteurs de plus de trente mille obligations 1865, qui m'ont légalement investi de leurs pouvoirs. Cette Commission a fonctionné régulièrement à Paris ; j'ai même en mon pouvoir la lettre par laquelle M. le baron Jules de Lesseps remercie ses membres du concours donné par eux à un pays de la loyauté duquel il se porte garant. Présidée par un sénateur français, comptant dans son sein un député au Corps législatif, elle n'a donc pas eu besoin, pour être instituée, qu'on allât montrer aux artilleurs et aux marins de la Tunisie la différence qui existe entre les canons ou les vaisseaux vendus au Bey et ceux dont la France dispose.

Seulement, cette Commission financière a été insti-

...née avec la condition expresse que les intérêts des obligataires 1863 et 1865, seuls créanciers légitimes ou tout au moins respectables de la Tunisie, primeraient, aux yeux de ses membres, tous autres intérêts, tandis que la Commission financière, telle qu'elle est créée par la Convention diplomatique nouvelle, a pour unique résultat de subordonner la créance des obligataires à celle des Allemands et des Maronites dont j'ai en vain dénoncé les méfaits à la justice de notre pays.

Je ne demande pas à Votre Excellence les raisons qui l'ont amenée à préférer la cause de ces hommes à celle des obligataires; je veux même rester convaincu que cette préférence a été inconsciente de sa part; mais, à plus forte raison, Votre Excellence ne me saura pas mauvais gré de lui démontrer comment la Convention actuelle est inique au point de vue du droit et funeste au point de vue des résultats, en ce qui concerne les intérêts que j'ai le devoir de défendre.

Aux termes de la Convention, « la Commission finan- » cière sera composée de deux fonctionnaires tuni- » siens, de deux des principaux négociants à Tunis, » de deux Français agissant pour les porteurs des obli- » gations des emprunts de 1863 et 1865, du député » du commerce français à Tunis, et d'une personne » *experte* en matière d'administration des finances » désignée par le gouvernement français. »

Je comprends la présence dans la Commission finan- cière des deux fonctionnaires tunisiens et des deux représentants des obligataires, à la condition toutefois que ces deux derniers soient librement élus, en as- semblée générale, par des porteurs sérieux d'obliga- tions, et non choisis parmi les hommes qui ont violé un dépôt sacré pour s'emparer de plusieurs milliers de titres. Dans ce dernier cas, la représentation des obligataires serait viciée profondément; elle serait de plus réduite à zéro, le jour où l'on aura enfin obtenu de la justice française que les violateurs de dépôt soient traités comme ils méritent de l'être.

Je comprends également la présence, dans la Commission, d'une personne *experte* en administration de finances; je ne saurais même me froisser qu'elle soit désignée par la France, bien que notre pays compte trop peu de ces personnes pour en entreprendre l'exportation, et que les porteurs d'obligations mexicaines n'aient pas trop à se louer de mesures identiques. J'eusse préféré cependant à toutes les personnes *expertes* qu'on a l'habitude de choisir en pareil cas, le plus humble des juges du tribunal de commerce de la Seine, ou même un simple syndic désigné par ce tribunal.

Ce contre quoi je proteste; ce contre quoi protestera Votre Excellence elle-même, lorsqu'elle aura cessé de fermer systématiquement l'oreille à la vérité, c'est l'introduction dans la Commission financière de deux des principaux négociants de Tunis et du député du commerce français de cette ville. Les deux premiers ne peuvent être choisis que parmi les adversaires de nos malheureux obligataires, dont ils ont absorbé les garanties. Quant au troisième, j'ai trop de terreur de la loi sur la diffamation, telle qu'elle est appliquée en France, pour formuler ici autre chose qu'une protestation.

Du reste, qu'ai-je à m'effrayer des personnes, lorsque la Convention même qui les investit leur fait à l'avance une loi de dépouiller les seuls créanciers légitimes ou respectables de la Tunisie, de les dépouiller, non pas seulement de leur droit aux garanties dont on a impunément disposé, mais aussi de l'espérance qu'ils pouvaient avoir conservée d'en jouir tôt ou tard.

Que dit en effet la Convention? « Un registre grand » livre sera ouvert, sur lequel seront inscrites toutes les » dettes de la Tunisie, contractées dans la Régence ou à » l'étranger, et consistant en teskerets en circulation et » en obligations des emprunts 1863-1865. » C'est donc d'une Conversion qu'il s'agit encore? Mais en vertu de celle que j'avais acceptée, les obligataires recevaient le montant de leurs coupons échus, tandis que, par le fait de celle que semble annoncer Votre Excellence, ils ne peuvent espérer qu'une répartition, au prorata des ressources disponibles de la Tunisie, et cela, en concurrence avec les porteurs de teskerets, qu'on inscrira avant eux sur le grand-livre comme on les désigne avant eux dans la Convention. A-t-on voulu établir que les spoliés ne doivent jamais se permettre de prendre rang avant les spoliateurs?

Votre Excellence pouvait-elle ignorer cependant, quand elle a signé la Convention, la différence qui existe entre les porteurs d'obligations et les *acheteurs* de teskerets? Si elle l'ignorait, MM. Desprez et de Saint-Vallier, qui savent tout, eux, ne devaient-ils pas l'avertir que l'article relatif à l'inscription des dettes sur le Grand-Livre restant ainsi rédigé, on ne manquerait pas de se demander si la Convention tout entière n'émane pas, comme inspiration et comme forme, des secrétariats de la rue Bergère ou des consulats de la rue Taitbout?

Les teskerets ont coûté à peine le quart de leur valeur nominale à ceux qui les possèdent. Il en est même qui ont coûté beaucoup moins. Parmi les dettes que la Convention admet à se produire dans les deux mois de sa publication. Votre Excellence pourrait en connaitre qui seront effrontément produites et qui n'ont coûté, aux prétendus créanciers, que la peine de les affirmer. Le jour où Votre Excellence stipulait la possibilité de ces productions, elle aurait dû ajouter qu'un juge d'instruction serait attaché au bureau chargé de les inscrire.

Après avoir indiqué que le gouvernement tunisien devra fournir à la Commission financière un exposé des sommes reçues, ainsi qu'un extrait des dépenses, toutes les fois qu'elle le jugera utile, la Convention dit que « la Commission veillera au moyen de répartir les » revenus d'une manière équitable, prenant en consi- » dération les droits de tout le monde, et qu'elle déci- » dera les garanties qui pourront être affectées en fa- » veur des dettes du gouvernement. »

Votre Excellence n'a pas dû accuser le rédacteur de cet article d'un excès de clarté. Jamais rien de plus obscur, et qui prête plus à l'arbitraire d'une Commission, n'a été rédigé par une plume diplomatique. La Tunisie doit fournir, à première réquisition, un état de ses recettes et dépenses. Que signifie alors l'article que nous trouvons plus loin et qui dit formellement que « la » Commission recevra tous les revenus du gouverne- » ment tunisien sans exception, » ce qui semblerait, au contraire, mettre la Commission seule en situation de fournir cet état?

Qu'est-ce qu'une répartition équitable des revenus d'un pays, quand la légitimité des droits est laissée à l'appréciation élastique de huit personnes intéressées, à des titres différents, dans cette répartition? N'est-ce pas le chaos? Sur le terrain des concessions à l'audace, la répartition au *prorata* est seule

possible, sinon seule juste, et il n'est aucun créancier qui
ne préférât une rente fixe, même réduite, aux chances
d'un partage qui jette la perturbation dans ses revenus,
et les rend en outre complétement problématiques.

Qu'a pu entendre le rédacteur de la Convention par
« l'affectation facultative des garanties existantes à cha-
» cune des dettes du gouvernement? » Il y a loin de
ces ambiguités de langage à la rédaction claire et nette
des décrets de conversion signés en janvier. Ces décrets
affectaient la totalité des garanties à la totalité des
créances, ne réservant de privilége qu'à ceux-là seuls
qui en sont dignes, je veux dire aux obligataires de 1863-
1865.

Par la Convention nouvelle les obligataires sont,
au contraire, systématiquement relégués au second
rang. Ses rédacteurs n'ont même pas pris la peine
de cacher que leur unique préoccupation était de
faire admettre au partage du gâteau tous les prétendus ayant-droit, quel qu'en soit le nombre, quelle
qu'en soit la qualité. Ils veulent que les Italiens et
les d'Anglais, acquéreurs des teskerets convertis quatre
fois en dette 12 p. 0/0, après avoir été livrés moyennant 2 p. 0/0 du capital à leurs détenteurs actuels,
puissent conserver les gages qu'ils ont absorbés et
venir à la répartition pour un revenu en rapport avec
les exigences qu'ils ont fait prévaloir. S'il en est ainsi,
à quoi bon jouer la comédie à laquelle nous assistons
depuis deux mois, à moins que ce ne soit pour faire
oublier, par une série de complications, ce que j'avais
obtenu du Bey; c'est-à dire la révision de toutes les
dettes, la réduction de chacune d'elles à sa valeur réelle,
mais surtout leur subordination à la dette honorable
et légitime des obligataires?

Les détenteurs de titres de la conversion intérieure ont tout dans les mains, tout : le timbre, les douanes, les marchés, c'est-à-dire la vie et la mort du pays. Notre consul général a trompé Votre Excellence, s'il ne l'a pas instruit de tout cela.

Il l'a trompée, s'il ne lui a pas dit que la Tunisie, grâce à la Convention actuelle, qui sanctionne toutes les réclamations, doit aujourd'hui :

1° Dette intérieure en trois conversions. 35,000,000
2° Emprunt des Princes 3,000,000
3° Teskerets des Princes 4,000,000
4° Teskerets échus et non classés. . . 20,000,000
5° Teskerets à échoir d'ici au 1ᵉʳ avril. . 10,000,000
6° Dette aux fournisseurs, à l'armée, aux employés 9,000,000
7° Obligations 1863-1865. 70,000,000
8° Coupons échus. 10,000,000
9° Teskerets du syndicat. . . . , . 5,000,000
10° Réclamation Erlanger. 5,000,000

Soit environ deux cents millions, si l'on y ajoute les sommes non avouées, et celles qu'on a promis de laisser emprunter encore, en échange de la satisfaction diplomatique dont on ne pouvait plus se passer.

Or, pour ne parler que de la dette intérieure et des trois conversions iniques qu'on avait pris, vis-à-vis de moi, l'engagement de faire tomber, notre consul général, je le répète encore, a trompé Votre Excellence, s'il ne lui a pas appris que toute Convention qui n'en stipulera pas la révision est parfaitement ridicule, puisque ces conversions absorbent, au profit des porteurs de leurs titres :

1° Tous les droits sur la sortie de l'huile,
2° Tous les droits sur les laines,

3° Tous les droits sur les dattes,

4° Tous les droits sur les savons,

5° Tous les droits sur le timbre,

6° Tout *le canoun* sur les oliviers et les terrains Ouaten-el-Kably,

7° Tous les droits de sortie sur les autres produits non énumérés jusqu'ici,

8° Le montant des fermes des marchés aux grains,

9° Les revenus des marchés aux fruits,

10° Les revenus de la ferme des tabacs,

11° Les revenus du Djerid,

12° Les revenus des fermes du poisson à Tunis et à Bizerte,

13° Le produit des fermes de Sfax,

14° Le produit de la ferme du sel,

15° Le produit de la ferme de Ouaten el Kably,

16° Le produit de la ferme de Mattar,

17° Le produit de la ferme de Bizerte,

18° Le produit de la ferme des légumes,

19° Le produit de la ferme de la fabrication des vins et esprits,

20° Le produit de la ferme de Bedja,

21° Le produit de la ferme de Gabès,

22° Le produit de la ferme de la Goulette,

23° Les droits sur les blés,

24° La ferme des peaux, cornes, etc., la ferme de la boucherie, triperie, etc.

25° La ferme du plâtre, de la chaux, des briques,

26° La ferme du charbon,

27° Les revenus de l'île de Djerby,

28° La totalité du droit de la *Caroube*,

29° Les droits de sortie sur les vêtements, *chessias leffas,* etc.

2

30° Et généralement tous les droits sur ce que la Tunisie peut produire, consommer, importer, exporter, etc., etc.

C'est, je le proclame de nouveau, la Tunisie entière, son mouvement, son sang, sa vie, le tout acheté à 2 pour 0/0, c'est-à-dire moyennant 2 et 3 francs en numéraire pour un titre de cent francs rapportant douze francs par an.

Enfin notre consul général a trompé Votre Excellence, s'il ne lui a pas appris qu'au bas de ces concessions brille la signature des négociants que son tribunal aurait dû condamner, mais que la Convention nouvelle admet à se trouver en rapport avec les honnêtes gens dont je défends les droits. Que dis-je, elle les appelle à se prononcer contre eux, dans des questions de probité et d'honneur.

L'article 7 de la Convention est d'une naïveté qui surprendra tout le monde. « Il s'agit, dira l'article suivant, » de toucher sans exception la totalité des revenus; » et Votre Excellence laisse écrire, pour le signer ensuite, que « la Commission ne s'ingérera en rien dans les af- » faires de finances, ni dans l'administration de l'inté- » rieur; mais que toutes les fois qu'elle aura déterminé » ce qui sera avantageux aux dettes, le gouvernement » déterminera ce qui semblera avantageux aux finances, » et le mettra à exécution par ses propres intermé- » diaires. » Ce galimatias double ne supporte pas la discussion. Je ne sache pas d'ingérance plus grande dans les affaires d'un État que la perception de la tota- lité de ses revenus, sans exception aucune. C'est unique- ment dans le royaume de l'utopie il peut être ques- tion de déterminer ce qui est avantageux aux dettes et ce qui est avantageux aux finances pour le faire

exécuter ensuite par les agents d'un créancier, sans
ingérance aucune dans les affaires intérieures de
ce créancier. Votre Excellence n'aurait elle plus sous la
main les préparateurs lucides. sinon loyaux, de la
conversion turque?

« Le gouvernement tunisien n'émettra ni nouveaux
» teskerets, ni obligations nouvelles, sans s'être entendu
» au préable avec la Commission. » Dans mes conven-
tions avec le Bey, il était interdit à la Tunisie d'en
émettre sous aucun prétexte. La Convention nouvelle
ouvre la porte à l'émission; et. comme la Commission
financière est, de droit, composée des *acheteurs* ordi-
naires de ces sortes de valeurs, Votre Excellence, *qui
a vu de près la conversion turque*, prévoit d'avance à
quel rapide écoulement de papier on se livrera, dans le
mois même qui suivra l'installation de la Commission.

Nous arrivons au point capital. « S'il devenait néces-
» saire, pour quelque motif que ce fût, de contrac-
» ter *un considérable* emprunt en France, le gouverne-
» ment tunisien informera le gouvernement français
» de sa décision; mais, s'il n'y avait pas besoin de con-
» tracter un grand emprunt, la Commission fixera les
» sommes qu'elles jugera nécessaires. » — Nécessaires à
quoi? — « Tous les teskerets qui seront émis pour les
» sommes fixées par la Commission, en faveur du gou-
» vernement, seront tirés sur la Commission, qui y ap-
» posera son acceptation, et elles ne dépasseront pas les
» sommes que la Commission aura fixées en faveur du
» gouvernement. »

Pourquoi ce *considérable* emprunt? Pour payer les
intérêts échus des obligations ou pour faciliter une
conversion définitive? Alors pourquoi Votre Excellence. a-t elle donné son approbation au projet de la

Société générale, aujourd'hui connu de tout le monde, et qui, loin de rien donner aux obligataires, exige d'eux autant de fois cent vingt-cinq francs qu'ils possèdent de titres? Pourquoi? Parce que les concessionnaires des premiers emprunts, parce que les contractants de la Convention usuraire et criminelle du 1" janvier 1867 n'ont pas même la patience d'attendre le produit des avantages que la Convention nouvelle leur assure, et qu'ils entendent rentrer de suite dans le produit des scandaleuses créances dont ils ont eux-mêmes motivé l'origine et confectionné les titres.

J'ai assisté à l'enfantement de cette combinaison, éclose entre les deux portes d'un café, élaborée dans les couloirs de la Bourse, couvée sous les jupons d'une femme, mise debout par un avocat dont la claudication devrait être un avertissement pour Votre Excellence. Plairait-il à Votre Excellence de la discuter avec moi et de me dire comment il se fait que, si peu endurant pour la Tunisie quand elle voulait être loyale, notre ministre des affaires étrangères soit redevenu si endurant pour elle, quand il s'est agi de laisser gagner quelques millions à des personnes dont les habits noirs ou les jupes de soie ont conservé, dans leurs basques ou dans leurs plis, la senteur des parfums que nos ambassadeurs aiment à faire brûler dans leurs palais de Constantinople?

Si ce *considérable* emprunt ne peut se réaliser, la Convention permet à la Commission de fixer les sommes qu'elle jugera nécessaires. Et j'avais la naïveté de demander tout à l'heure à quoi on les emploierait! Mais à rembourser, en capital, intérêts et frais, les aventuriers hardis dont les agents osent défier ceux de Votre Excellence, sous prétexte qu'ils ont en main des

listes de gratification *dont j'ai le double*, et sur lesquelles figurent le nom d'hommes qui n'ont pas toujours été de roche et qui ont tondu des prés autres
que ceux qu'ils devaient tondre. Ne serait-il pas bon
que Votre Excellence fît appeler à ce sujet M. Sapia,
et lui demandât en toute franchise si notre administration peut parler haut ou doit se taire.

Je m'arrête, Monsieur le Ministre ; et je vais essayer
de conclure en me résumant.

Lors de l'émission du second emprunt mexicain,
cause de tant de misères et de tant de ruine, sans
compter la mort de l'héroïque Maximilien, j'écrivis
une brochure dont la publication eût certainement
arrêté cette émission. M. Durangel, chef de division
au ministère de l'intérieur, monta mes trois étages
pour me supplier de ne point passer outre, et M. de
Saint-Paul en personne joignit ses instances aux
siennes. J'ai à la disposition de Votre Excellence les
épreuves de cette brochure ; elle pourrait apprendre,
en les lisant, combien j'eus tort de me rendre alors
aux prières qui me furent faites, et combien j'étais
dans le vrai en écrivant que l'emprunt émis par
le Comptoir d'escompte était l'arrêt de mort de l'empire
et de l'empereur du Mexique, en même temps que la
ruine de tous ceux qui y prendraient part.

Le 10 septembre dernier, j'ai été élu par six cents
porteurs d'obligations tunisiennes pour les représenter
et les défendre. J'ai entre les mains tout ce qui est nécessaire pour établir, justifier et faire prévaloir leurs incontestables droits. Je connais l'histoire des emprunts
auxquels ils ont eu la faiblesse de souscrire, depuis
le jour où le principal auteur de leur ruine quitta sans
souliers un village des environs de Paris pour attein-

dre, en moins de six ans, la cime de la fortune, des hon-
neurs, et je dirais même de la considération, si l'on pouvait donner ce nom aux congratulations mutuelles que
se font entre eux, de nos jours, en haut de l'échelle so-
ciale, des hommes qui ne devaient s'attendre hier qu'à
gravir une toute autre échelle. Je possède les procès-
verbaux des conciliabules qui ont eu lieu chez le mar-
chand de vin de Saint-Maur, portes closes et lumières
éteintes. Je sais ce que les concessionnaires des emprunts de 1863 et 1865, ainsi que ceux qui les ont émis,
ont donné à tous leurs complices. J'ai entre les mains
les deux traités de janvier 1867, celui qui est légalement avouable et celui qui ne l'est ni légalement ni
moralement.

Je viens de relire toute la correspondance échan-
gée entre toutes ces personnes; elle est là, à portée
de ma main. Voici les numéros des actions déposées
par le Bey et dont on a disposé; voici la liste et
le total des sommes reçues en or par M. Pinard et
consorts depuis que les obligataires n'ont reçu d'autre
argent que celui que je leur ai fait donner; et, en reli-
sant, en voyant, en jugeant tout cela, je me demande
pourquoi M. Delesvaux, sur son siége de président de
la police correctionnelle, condamne chaque jour des
vieillards, des femmes et des enfants déguenillés, parce
que la faim les a poussés à prendre la cent millième
partie de ce que tant d'hommes, reçus, écoutés, servis
par notre diplomatie, ont jusqu'ici impunément enlevé
au public, et, qui sait, peut-être même à ces vieillards,
à ces enfants et à ces femmes !

Votre Excellence n'a qu'à prendre quelques rensei-
gnements pour connaitre la nature et l'importance des
sacrifices que j'ai faits à la cause napoléonienne. Mon

dévouement à l'Empereur n'est donc pas douteux. C'est ce dévouement, autant que le devoir que j'ai accepté de remplir, qui me pousse à parler à Votre Excellence avec énergie et franchise. Il est douloureux pour un impérialiste, pendant que Napoléon III accomplit glorieusement la plus noble des tâches, de voir quelques misérables interposer leur fange entre cette gloire et les masses; propager la ruine où il rêve la richesse, et imposer enfin, à un règne plein d'avenir, les souillures d'un règne qui n'est plus, pour se venger de n'avoir pu encore substituer, à l'homme qui gouverne aujourd'hui, les hommes qu'on espère gouverner demain.

Veuillez agréer,

    Monsieur le ministre,

    l'expression des sentiments respectueux,

        avec lesquels j'ai l'honneur d'être,

          de Votre Excellence,

    le très-humble et très-obéissant serviteur.

        G. HUGELMANN.

            place de la Bourse.

Paris, 10 juin 1868.

Paris. — Imp. BALITOUT, QUESTROY et Cᵒ, rue Baillif, 7.